SIXIÈME ANNÉE. N° 1 1ᵉʳ JANVIER 1897

REVUE BIBLIQUE

INTERNATIONALE

PUBLIÉE

SOUS LA DIRECTION DES PROFESSEURS

DE

L'ÉCOLE PRATIQUE D'ÉTUDES BIBLIQUES

établie au couvent dominicain Saint-Étienne de Jérusalem.

SOMMAIRE :

		Pages
M. Batiffol.	— Homélie inédite d'Origène sur Daniel et l'Antéchrist.	5
R. P. Scheil.	— Fragments de poésie lyrique babylonienne.	28
M. Touzard.	— De la conservation du texte hébreu, étude sur Isaïe XXXVI-XXXIX.	34
M. Hyvernat.	— Étude sur les versions coptes de la Bible (fin).	48
R. P. Pègues.	— A propos de l'inspiration des Livres Saints.	75
Mélanges.	— Le noyau primitif des Évangiles synoptiques. M. Ermoni. — Notes de géographie biblique. R. P. van Kasteren. — Épigraphie sémitique. R. P. Lagrange	83
Chronique.	RR. PP. Lagrange et Séjourné	107
Recensions.		134
Bulletin.		145

1897

PARIS

LIBRAIRIE VICTOR LECOFFRE

RUE BONAPARTE, 90

A. MAME & FILS, Éditeurs à Tours

Vient de paraître :

PRÉCIS
DE LA
DOCTRINE CATHOLIQUE

PAR

LE R. P. WILMERS, S. J.
ANCIEN PRÉFET DES ÉTUDES A LA FACULTÉ DE THÉOLOGIE DE POITIERS

UN VOLUME IN-8° DE 600 PAGES
Prix : broché, 7 fr. 50

Ce livre est destiné à tous les esprits cultivés, croyants ou incrédules, qui cherchent en peu de pages l'exposition précise et les preuves des vérités enseignées par la théologie catholique. Tout en étant plus court que certains catéchismes, ce précis est cependant plus complet; c'est un ouvrage d'un autre ordre. Le catéchiste peut se contenter d'enseigner les dogmes, le théologien doit en établir la preuve, les défendre contre les malentendus de l'ignorance et les objections de l'hérésie ou de la mauvaise foi, en montrer l'enchaînement, les rapports et les conséquences.

Dans la mesure où l'esprit s'éclaire et se fortifie par les sciences profanes, il doit, sous peine de mettre sa foi en péril, s'éclairer et se fortifier par l'étude de la religion.

C'est ce besoin de science religieuse qu'ont répondu dans notre siècle les magnifiques travaux d'exposition dogmatique et d'apologétique : conférences de Notre-Dame du R. P. Monsabré et de Mgr d'Hulst, apologétique d'Hettinger, etc. C'est aussi pour coopérer à cette grande œuvre de salut qu'a été écrit ce livre. Écartant avec soin les termes exclusivement techniques de la scolastique, ne faisant connaître les objections qu'en donnant les principes pour les résoudre, ce livre est tout à la fois un résumé de la théologie et une initiation à une science approfondie de la religion. Le théologien s'en servira avec fruit pour se rendre compte rapidement d'un traité ou pour s'en refaire une idée nette. L'homme du monde, le savant, l'écrivain s'y instruiront facilement des vérités catholiques, souvent si ignorées d'esprits distingués sous d'autres rapports, parfois si défigurées par l'ignorance, la légèreté et la mauvaise foi. Ceux qui enseignent la religion dans les classes supérieures y trouveront pour eux-mêmes un guide sûr et méthodique, pour leurs élèves un texte précieux, thème inépuisable d'explications et de développements.

Nous ne croyons pas qu'il y ait meilleure méthode d'enseignement que celle qu'ont suivie toutes les universités catholiques, et que saint Ignace expose dans ses *Constitutions* (part. IV, ch. vi), méthode que se sont appropriée dans ce siècle, sans en déguiser la source, nombre de professeurs de l'Université. Cette méthode suppose entre les mains de l'élève un texte court, précis, substantiel; en un mot, une *Somme* que le professeur explique et développe en faisant un cours proprement dit. Aidé de quelques notes prises en classe, l'élève s'assimile le cours par une rédaction vraiment personnelle. Le professeur se contente d'y effacer les erreurs.

Nous n'avons pas à faire l'éloge de l'auteur : le R. P. Wilmers. Un de ses ouvrages de théologie, en quatre volumes in-8°, en est à sa sixième édition. Ce précis a déjà eu trois éditions en Allemagne; même succès pour la traduction anglaise qui a été adoptée par de nombreux collèges. Si ce livre est adopté dans les pays de langue française, France, Belgique et Canada, l'enseignement de la religion dans les classes supérieures aura fait un grand pas vers l'unité.

C'est à dessein que nous n'avons pas parlé du traducteur. Élève du R. P. Wilmers, il tient de lui toutes les idées de ce livre et toute la science théologique qui lui a permis de le comprendre et de le rendre en français. Non content d'approuver notre entreprise, le P. Wilmers a pris encore la peine de nous signaler certains remaniements de détail. Il n'y a donc vraiment pas place dans le titre pour un autre nom que le sien.

Grâce à la permission de MM. Roger et Chernoviz, nous nous sommes toujours servi, pour la sainte Écriture, de la traduction si autorisée de M. l'abbé Glaire. Nous avons complété le livre par l'encyclique de Léon XIII sur l'étude de l'Écriture sainte.

Puissions-nous contribuer à affermir et à éclairer la foi de beaucoup d'âmes! C'est tout notre but, toute notre ambition. C'est aussi notre prière aux pieds de la Vierge immaculée, trône de la divine Sagesse. C'est à elle que nous dédions ce livre, c'est à son intercession maternelle que nous attribuons d'avance tous les fruits de salut qu'il pourra produire!

TYPOGRAPHIE FIRMIN-DIDOT ET Cie. — PARIS.

REVUE BIBLIQUE INTERNATIONALE

PRIX DE L'ABONNEMENT :

Pour la France............... 12 fr. | Pour l'étranger................ 15 fr.

Rédacteurs et principaux collaborateurs :

T. R. P. L :ange (Jérusalem), P. Scheil (Paris), M. Batiffol (Paris),
P. Lazcano (Est Aal), P. Knabenbauer (Fauquemont), M. Minocchi (Florence), P. Rose (Fribourg), P. Semeria (Gênes), P. Germer-Durand (Jérusalem), P. Séjourné (Jérusalem), P. Vincent (Jérusalem), J. Rhétoré (Jérusalem), Dom Parisot (Ligugé), Mgr de Harlez (Louvain), M. van Hoonacker (Louvain), Mgr Lamy (Louvain), M. Jacquier (Lyon), P. van Kasteren (Maestrich), M. Hackspill (Metz), M. Pelt (Metz), M. Bruneau (New-York), M. Carra de Vaux (Paris), M. Ermoni (Paris), M. de Lapparent (Paris), M. Lévesque (Paris), M. Touzard (Paris), M. Vigouroux (Paris), M. de Vogüé (Paris), P. Ollivier (Paris), M. Charles Robert (Rennes), M. Loisy (Neuilly), Dom Morin (Rome), Dom Weikert (Rome), P. Faucher (Sèvres), P. Lestras (Vienne), M. Müller (Vienne), M. Hyvernat (Washington), etc.

In this brief and incomplete sketch of catholic work in Palestine we must not forget the Dominicans with their house for biblical studies at S. Stephen's outside Jerusalem. The very learned *Revue biblique*, edited by them, should be more widely known among Catholics than it is. In the matter of biblical studies Catholics do not keep pace with non catholic students in England and Germany. *This review is simply indispensable to such as would march with their times in regard to biblical questions.*

(*The Tablet*, 7 novembre 1896.)

The *Revue biblique internationale* deserves a word of greeting. This able Quarterly has reached its fifth year. The second part is now to hand. Besides smaller papers which will be read with interest, it contains several articles of peculiar value. Among these we have one by Mgr de Harlez on the Bible and the Avesta; a second by M. Loisy, whose name should be better known to English scholars than it is, on the Synoptical Apocalypse (Mark xiii.; Matthew xxiv-xxv; Luke xxi 5-38); and others by R. P. Lagrange on the question of Inspiration, the Baron Carra de Vaux on the Epistle to the Laodiceans, and M. Vigouroux on the Priests of Baal.

(*Critical Review*, oct. 1896.)

T. and T. CLARK'S LIST.

THE HOPE OF ISRAEL : a Review of the Argument from Prophecy. By F. H. WOODS. B. D., Vicar of Chalfont S. Peter. Just published. cr. 8vo., 3s. 6d.

LIFE AFTER DEATH AND THE FUTURE OF THE KINGDOM OF GOD. By Bishop DAHLE. Translated from the Norse. Just published, 8vo., 3s. 6d.

THE CHRISTIAN DOCTRINE OF IMMORTALITY. By Professor S. D. F. SALMOND, D.D. 8vo., 14s. Second Edition.

INTRODUCTION T THEOLOGY : its Principles, its Branches, its Results, and its Literature. By ALFRED CAVE, D.D., Principal of Hackney College. New Edition, largely rewritten, and the bibliographical lists carefully revised to date. 8vo., 12s.

OLD TESTAMENT THEOLOGY ; the Religion of Revelation in its pre-Christian Stage of Development. By Prof. H. SCHULTZ, D.D., Authorised Translation by Prof. J. A. PATERSON, D.D. Second Edition. Tow Vols., 8vo., 18s. net.

NEW TESTAMENT THEOLOGY; or, Historical Account of the Teaching of Jesus and of Primitive Christianity according to the New Testament Sources. By Prof. W. BEYSCHLAG, D.D. Autorised English Translation. Second Edition. Two Vols., 8vo., 18s. net.

GRIMM'S LEXICON. Greek-English Lexicon of the New Testament, being Grimm's Wilke's Clavis Novi Testamenti. Translated, Revised, and Enlarged by JOSEPH HENRY THAYER, D·D. Fourth Edition. In demy 4to., 36s.

A HISTORY OF THE COUNCILS OF THE CHURCH. From the original documents. Translated from the German of C. J. HEFELE, D.D., Bishop of Rottenburg. Vol. I. to A. D. 325. Vol. II. A. D. 326 to 429. Vol. III. A. D. 431 to 451. Vol. IV. A. D. 451 to 680. Vol. V. (completing the Series). A. D. 626 to Close of Second Council of Nicæa, 787. With Appendix and Indices. 8vo., price 12s. each.

CANON AND TEXT OF THE OLD TESTAMENT. By Prof. F. BUHL, Leipzig. 8vo., 7s. 6d.

NATURE AND THE BIBLE : Lectures on the Mosaic History of Creation in its Relation to Natural Science. By Dr. F. H. REUSCH. Revised and Corrected by the Author. Two Vols., 8vo., 21s.

SCHUERER'S HISTORY OF THE JEWISH PEOPLE IN THE TIME OF OUR LORD. Five Vols., 8vo., 2l. 12s. 6d. Index Volume. 2s. 6d. net.

KANT, LOTZE, AND RITSCHL. A Critical Examination. By L. STAEHLIN. Translated by principal Simon. 8vo., 9s.

MICROCOSMUS : concerning Man and his Relation to the World. By HERMANN LOTZE. Now ready, Cheap Edition, in Two Vols., 8vo., price 24s.

Detailed Catalogue of Publications free on application.

Edinburgh : T. and T. CLARK, 38, George-street.
London : SIMPKIN, MARSHALL, HAMILTON, KENT, and CO.

REVUE BIBLIQUE

INTERNATIONALE

TYPOGRAPHIE FIRMIN-DIDOT ET Cie. — PARIS.

SIXIÈME ANNÉE · TOME VI.

REVUE BIBLIQUE

INTERNATIONALE

PUBLIÉE

SOUS LA DIRECTION DES PROFESSEURS

DE

L'ÉCOLE PRATIQUE D'ÉTUDES BIBLIQUES

établie au couvent dominicain Saint-Étienne de Jérusalem.

PARIS
LIBRAIRIE VICTOR LECOFFRE
RUE BONAPARTE, 90
1897

La Direction de la REVUE BIBLIQUE INTERNATIONALE *rappelle que, dans les questions librement discutées, chacun des collaborateurs est individuellement responsable des opinions qu'il émet. Voir la déclaration publiée en tête du premier numéro de la Revue,* 1892, p. 16.

... sed ad s[t]em ...tur
... sequ. de libro Danihel
... propt[er]
... fama ... quaqua
... loco ad mone ad dit[um]
... principi debeamus pacare
... nescia de qua loqui necesse
... magnifica ratio et urbis
... condigne ... et laudari
... unde uerendu[m] mihi e[st] ne
... si moru[m] magistra ...
... ... in aurea[m]
... hinc me et apo[sto]li eu[m] e[ss]e
... quies sermones, fides eius
... con... gaudio menti
... pub... placebit
... quod tantos ... uita e[st]
... cor ipse mee, gaudiu[m] meum cupio
... consecratur quo cor meum eruam
... publicare, sed quibus exemplo
... pudeor pr[ae]sumptam memor e[ss]e qui
... munerum clamaui, ut hac replicare no[n]
... Deo, ... ut quie[m] nesciar, eo uberco
Nam ... melius est pulsare et quaerere quam
pigritiae langore torpescere. quare ob hoc...

HOMÉLIE INÉDITE D'ORIGÈNE

SUR DANIEL ET L'ANTÉCHRIST

À la demande de quelques-uns des lecteurs de notre article sur le recueil d'homélies inédites attribuées à Origène, publié ici même (1), nous nous sommes décidé à devancer l'édition que nous préparons de ce recueil, et à donner un spécimen des textes que nous avons en mains. Voici donc le texte de l'homélie sur Daniel, prise d'ailleurs sans spéciale raison de préférence; nous le donnons tel que le manuscrit d'Orléans le donne.

Les lettres italiques sont les lettres que nous avons suppléées dans les mots abrégés selon les règles communes des abréviations et dans quelques mots mutilés mais d'une restitution indubitable. Nous devons avertir que la déchirure latérale des feuillets du manuscrit ne donne jamais de section nette; elle est bordée d'une sorte de halo jaunâtre dans lequel les lettres sont plus ou moins évanouies : des yeux plus perçants que les nôtres retrouveront sans doute encore quelques lettres que nous n'avons pas distinguées assez nettement pour oser les transcrire. Nous nous sommes astreints à reproduire intégralement la ponctuation du copiste : nous avons noté ses majuscules. J'ai copié le texte de cette homélie et collationné les épreuves sur le ms. M. André Wilmart a bien voulu vérifier une dernière fois les épreuves sur le ms. Dans le commentaire je restituerai les passages que j'aurai à citer et j'imprimerai en italique les mots restitués ainsi par conjecture.

---

(1) *Revue biblique*, t. V (1896), p. 434-439 (1ᵉʳ juillet 1896). — Page 439, note 1, lire « *Op. cit.* » au lieu de « *Notice sur plusieurs manuscrits d'Orléans* ». — La présente homélie sur Daniel est celle que M. Harnack, *Gesch. d. altchr. Lit.*, p. 365, signale dans le manuscrit de Lorsch, étudié par nous (*ut sup.*). — On nous pardonnera d'ajouter que, sur la supposition que le manuscrit de Lorsch pouvait se trouver actuellement dans une certaine abbaye bénédictine de Carinthie, nous avons écrit au bibliothécaire de ladite abbaye et que nous attendons encore après cinq mois sa gracieuse réponse !

[ms. pag. 201.]

INCIPIT SEQuentia DE LIBRO DANIELIS PROPHeTae
anno octauo decimo na
sor rex fecit statuam auream; Quamquam
diei et praesens leccio admonead dilectissimi 5
ono martirii debeamus facere
tamen res ipsa de qua loqui necesse
limis tam magnificata est· ut hu
mane condigne praedicare laudari
nt; Proinde uerendum mihi est : ne 10
tres et beatissimorum martirum titu
s inopia sermonis· inminuad;
itis : laudibus persequendo ; Sed
dilectissimi fratres cum hinc me et onor diei et prae
quo gat facere sermonem; Inde uero 15
reprimat confessam gaudio mentem
e in utroque pectoris mei fluctibus
Nec dico quod sencio : et tamen silere
ssum; conprimere gaudium meum cupio;
constancius quo continetur erum 20
Audeo publicare sed exilis et tenuis· lo
[quendi impedior prauitate me miserum qui
tan]ti muneris claritatem verbis explicare non
ualeo; De sanctis utique ne menciar erubesco;
Ac tamen melius est pulsare et querere quam 25
« pigricie langore turpescere; quia si obsequium

---

2. Incipit-propht] *litteris uncialibus et rubricatis.* — 2. prophetae] *in fine lineae tertiae adscriptum ab amanuensi est prae angustia secundae.* — 4. auream] DAN. III, 1. — 9. praedicare] + et *expunctum.*

[ms, pag. 202.]

« debitum exibere non possum : u
« dime habuisse sufficit. Tres :
« uoti : ananias azarias et misa
« tatuam regis adorare exorrent
5 « mancipatur; Sed illi nihil de
« regi constantissime et fideliter re
« est deus cui seruimus potens ad lib
  fornace ignis ardentis et de tuis
  pere nos et si non notum tibi s
10 non seruimus et imaginem auream
  non adoramus; O gloriosa fr
  deuocio que totum de potencia
  in utraque parte sibi uictoriam
  quod potens esset deus· ad liberandos
15 ce ignis ardentis uel quod de futura
  tate securi praesentem uita comtemtu
  Nam et si mori magis uellent quam sa
  nis iura uiolarent : tamen ne rei def
  meriti uiderentur : ideo dem
20 tis· camino incendio liberari meru
  dixerant enim : potens est deus ad liberand
  de fornace ignis ardentis; Inde factum
  quamuis screpitu frequenti atque undosis
  litarent flama uerticibus : adactu tamen in
25 nocencium corporum refuga pice incendium
  cederet; Denique spiritum roris animati in medio

---

11. adoramus] Dan. iii, 17-18. — 14. quod] quodque *prius scripserat*. — 18. def...] *vel* dep... — 19. rei] res *prius*. — 23. atque] adque *prius*.

[*ms. pag.* 203.]

```
        entis mansit uestis inlesa himnos
     : et quasi uno ore deum laudibus
orabant; Nihil est enim dilectissimi fratres
       di negetur : quia nec aliut a nobis
          exigit; hanc diligit : hanc requi        5
        icta promittit et tribuit : fides inquit
              fecit; Et esto fidelis usque ad mor
       ex fide uiuit et qui dura uerit inquit
              Nihil ergo fidei subtraxit : nihil
           se depromit; Denique et uincenti in   10
    igno uite quod est in paradiso dei mei ;
    illut uincentibus : daturum se esse pro
       ed aeterne uite coronam capiti : nec
          it : quom modo calculum album· hac
         xtere porrigit modo stellam matuti     15
    tem radiorum fulgoribus trait ; Modo
    num suum ut sedeant uicariam honoris
                  ate concedit; Modo uirgam fer
             ccipere inuictam patestatis fa
      do leticie uolumptates conuiuatorum      20
 in ipsis esse promittit et ut compendio de
   am· eaque; Nec oculus uidit : nec auris au
diui]t : nec in cor hominis ascendit : que praepara
uit deus his qui diligunt eum; Exortans nos his promis
    sionibus ut non tantum incipiad : sed et permanead 25
  fides; Non enim tunc magna est fides· dum incipit
```

---

6. fides-fecit] Mc. x, 52. — 7. fidelis usque ad mortem] Apoc. ii, 10. — 8. ex fide uiuit] Rom. i, 17. — 8. durauerit] Mc. xiii, 13. — 10. uincenti] Apoc. ii, 7. — 13. coronam] Apoc. ii, 10. — 14. calculum album] Apoc. ii, 17. — 15. stellam matutinam] Apoc. ii, 28. — 17. sedeant] Lc. xxii, 30. Eccli. vii, 4. — 18. uirgam ferream] Ps. ii, 9. — 24. diligunt eum] I Cor. ii, 9.

[ms. pag. 204.]

 sed si num quam desinat gloriosa est
 pueri deuoti : omnes minas terroresq
 simi tiranni inuictis; Animis uir
 quia fideles in domino permanserunt. Sollic
5 TOR ET AD INTELLIGENDUM O
 Sed illut mirari me fateor : quo mo
 nossor gentilis et barbarus potuerit
 « no ignis inter tres pueros IIII agnoscere;
 « tres uiros misimus in camino ignis a
10 quartum uideo : similem filio dei; Que
 nec umquam audierat : nisi ille antic
 lus scilicet refuga qui in nabucodo
 gressus ut eum conpelleret a minis
 imaginem auream facere et iust
15 incendio perderet; Ipse uictus u
 per Nabucodonosor locutus est;
 dei esse quem ad salutem trium puerorum
 de nouerat quia ipse eum tunc noue
 angelus esset uel dum sentenciam in paradis
20 transgressor exciperet; Unde aduert
 christiana sapiencia· quantum ualeat p
 naturę flamae potuit in roris refrigerio
 Illut quoque· silencium· praeterire· non de[bemus
 Quur hanc stuam Nabucodonossor rex adorar[i
25 praecæperit quid enim conpendii quid dignitat[is
 aut gloriæ consequuturus erat si homines hanc

---

3. inuictis *vel* inuicta] inuicta *prius*. — 4. Soll-tor et ad intelligendum o] *uncialibus et rubricatis*. — 8. IIII agnoscere] *in rasura*, IIII *prius omiserat*. — 10. filio dei] Dan. iii, 91-92. — 13. a minis] *dub.*

[*ms. pag. 205.*]

orassent; Qui si pr*ae*ter regni sui poten
ris adhuc alicuius gl*oriæ* cupidus· erat
dorare iusisset quum illa*m* imaginem· qu*e*
c auditu*m* nec motum propriu*m* : nec sensum
         STATVA ILLA FIGVRAM CHRISTI   5
                STRABAT.
mago figura*m* antechr*ist*i proprię liniabat;
onossor rege uolente q̇uam diabu
gnabat inperante per*f*ecta est : ce
odonossor quid faceret ignorabat; 10
c erat quia idem antechr*istus* rex po
huius mundi· futurus est, Deuictis
manib*us* regibus : qui in illo tempore
cim cornib*us* danielo sunt reuel
us toto orbe monacia*m* est habiturus 15
sexaginta cubitis altitudo eius erat et
do; Misteriu*m* nominis ipsius an
dicabat· sic eni*m* beatus Iohanes in a
sis ait : Numerus inquid hominis bestię
inet : p*er* singulas litteras grecas sexcen 20
sexaginta et sex : qui habet sensum in
tell] egat; Et hoc eni*m* numero numerus ipsius et om
n]e misterium iniquitatis eius· ger̃itur · et ipse cum
uerit agnuscendus erit; Hic numerus nominis ante
chr*isti* statue illius mensura conlatus est; Que sexagin- 25
ta cubitoru*m* altitudine fabricata et sex latitudo : sed

5-6. *Litteris uncialibus et rubricatis.* — 14. Danielo] DAN. VII *et* VIII. — 17. *ante* Misterium *inchoaverat* n... — 18. Johanes] APOC. XIII, 18.

[ms. pag. 206.]

ubi sunt sexcenti qui nobis ad numerum
racionem; Nabucodonossor porcio an
nitudo : et ideo porcionem numeri ini
bricabit; Plenitudinem uero tocius ini
5   cum uenerit adimplebit; Et ideo ai
cubitorum sexaginta et latitudo
Denique et in se maledictus cum uener
similiter facturus est : sicut apocalip
testatur que non iam partem aliquam
10 tudinem numeri omnis ipsius contib
autem figuram numerus habebat idest
ginta et sex debemus aduertere; H
antontas sex decadas· et sex mona
us· itaque hic mundus est in quo omnis
15 dominatur; Eo quod et sex diebus fact
milia annos qui sex dies sunt domini iniq
natur; Sicut scriptum est; Inuidia
mors introibit in orbem terrarum; Sex
millesimo anno conpleto omnis iniquit
20 etur; Et in abisso diabulus religabitur
ergo sex diebus mundus est factus : et sex[to
millesimo anno figura saeculi istius praeteribit
Ita et senarius numerus antechristi cum omni
malicia sua sexto die domini qui sextus millesimus
25 annus est finietur; Sed nec illut putetis
sine magna racione diuinitus esse prouisum· ut

10. Contib] dub. — 18. terrarum] Sap II, 24. — 26. diuinitus] tus in rasura.

[*ms. pag. 207.*]

nis uel causis septem cubitis soleret
ere; Hic septies amplius a solito
sus id est ad cubita· quadraginta
Sed que est hec racio ut sepcies septenis
ma fornacis excreuerit; Nota quod   5
  idest reqviem domini
  erit regnvm.
que in quo boni malique interim
; Sex diebus est factus : et septimo
x et sex diebus domini : id est sex mi- 10
undialis· ut superius dixi opera
r et septimo die domini regnum sanctorum
  dicit qvid sit sepcies plvs forna
  svccensam. Sepcies ergo sep
aginta et nouem faciunt; Quibus   15
geenne caminus apperitur :
anda reuelatur· quę rex nabuco
iussit succendere; Vt tunc iusti
ormis claritas uelut roris spiritus tri
tur; Peccatoribus uero septimplex   20
pa]ena secundum septem capita draconis· et
ap]ocalipsis scriptura refret geenne incen
dium inrogatur; Sed iam sufficit dilectissimi
fratres de multis pauca momorasse ut sciatis
in quo misterio iniquitatis statuam illam   25
per Nabucodonossor fecerit diabulus quam tres

---

3. quadrāginta] Dan. iii, 47. — 5-7. *litteris uncialibus et rubricatis*. — 13-14. *similiter*. — 21. draconis] Apoc. xii, 3.

[ms. pag. 208.]

   pueri deuoti adorare nolue
   pro hanc statuam antechristum : et
   erat adorare uideretur; Si er
   necdum passus fuerat Christus tam
5 cris legibus protulerunt. quanto magi
   filius dei nasci secundum carn
   tus est et praemio sui sanguinis nos a
   berauit et debitores nos ingencium
   rum suorum efficit omnia genera pae
10 min e quo animo ferre debemus; Q
   mel in christo manum missus est
   patitur seruitutem; Nescit enim q
   re christiana libertas : ad hoc enim et
   sancto renati sumus; Ad hoc indul
15 rum criminum consecuti; ad hoc
   multis testibus credere contestat
   hec quasi milites Christi sacramentorum
   bimus; Ad hoc nostrum certamen uocensa
   simus : ideo et stipendia salutis a
20 et carismatum donatiua consecuti s
   Clipeo praeterea fidei contecti et lo
   tię animauertimur esse uestiti ut in is
   campo ducem nostrum sine timore sequamur
   ex quibus res ipse manifeste docent in isto
25 belli campo· nec uerenda sunt dorsiterga nec
   remouendi gradus : nec ponenda sunt arma

---

4. tam] *dub.* — 22. animauertimur] Eph. vi, 14-16.

[ms. pag. 209.]

sunt tela : nec hostium requiren
sed magis pro deo pro sacris legibus mo
um etenim genus pro christum inuetum est in
as : mori ut uiuas ; Dicente ipso
imam suam saluauerit perdet illam : et qui 5
suam causam nominis mei in
et inueniet eam ; Et hic est quod facile
cuncta tormenta cum ipsorum tormen
tulos proponitur gloria ; Nec quod
siderantur cum pene mercis praesta 10
tanda sunt ergo ut uidetis praua
ingencia cum exiguis moriencia
is relinquamus hunc mundum
fiat hic mundus uitam breue
t eternam in nobis dum morimur re 15
dicente domino· Nolite inquid time
corpus uestrum occiditur anima autem
ossunt occidere ; Cadendo enim surgimus
ti uiuimus : et ex terris expulsi caelum
nus : et quis sub sentenciam stetimus senten 20
mus et ideo rogamus et petimus· a sanctitate
beati martyres ut nostri memores esse di
gne]mini ut et nos qui pari fidem in christo dei filio
credimus eandem nobiscum de triumpho passionis
martirio consequi et obtinere mereamur : praesta 25
bit hoc deus pater omnipotens per dominum nostrum Ihesum Christum.

---

7. inueniet eam] Mt. x, 39 invenit *psius*. — 18. occidere] Mt. x, 28. — 19. caelum] *prius* eaelum. — 20. sub] sup *prius*.

Voilà le texte de l'homélie sur Daniel que le manuscrit d'Orléans attribue, ainsi que les autres homélies du recueil, à Origène.

Si cette homélie est traduite du grec, elle a sûrement été traduite assez librement. Notre homéliste joue sur le mot *sacramentum* et lui donne deux sens, celui de serment militaire et celui de sacrement, et l'allusion se continue par des expressions comme *stipendia salutis*, comme *charismatum donativa*. Le jeu repose uniquement sur le mot *sacramentum*, sur un mot latin ; le mot grec correspondant, μυστήριον, ne serait pas susceptible d'être pris dans le sens de serment militaire. Ailleurs la brièveté des phrases et leur succession antithétique sont d'un écrivain latin, bien plus que d'un grec comme Origène. Pourtant, çà et là, des mots Grecs semblent égarés dans la phrase latine : *hecatontades, decades, monades, monarchia*, termes rares en latin et qu'un homéliste latin n'aurait sans doute pas prononcés devant un auditoire de fidèles.

Quoi qu'il en soit, supposons le problème résolu et que cette homélie est une homélie d'Origène mise en latin, et voyons si cette supposition se vérifie.

*
* *

C'est bien une homélie que nous avons sous les yeux, une homélie prononcée devant des fidèles, « dilectissimi fratres »; prononcée après la lecture d'un texte biblique, « praesens lectio »; prononcée dans une solennité liturgique à laquelle fait allusion l'expression deux fois répétée de « honor diei ».

Le mot de « lectio », en effet, s'entend du texte biblique qui sert de thème à l'homélie : « … sicut haec lectio continet, quae nobis modo recitata est », lisons-nous au début de la treizième homélie d'Origène sur l'Exode. Et dans la vingt-septième homélie sur les Nombres : « Nunc iam ad lectionis ipsius quae recitata est veniamus exordium… » Et dans la vingt-quatrième sur Josué : « … similia praesens lectio refert de Amorrhaeis ». — L'expression « honor diei » peut s'entendre d'un simple dimanche, par opposition à un mercredi ou à un vendredi : car Origène à Césarée prêchait le dimanche et les deux jours de jeûne du mercredi et du vendredi, quelquefois plus souvent encore. Elle peut s'entendre aussi d'une fête, car Origène n'interrompt pas la suite de ses homélies pour traiter un sujet approprié au mystère du jour : voyez sa cinquième homélie sur Isaïe, prononcée un vendredi saint. — Je note que notre homéliste salue ses auditeurs par le « dilectissimi fratres », et que ces interpellations ont disparu des homélies origéniennes traduites par Rufin et par Jérôme.

Notre homéliste s'excuse sur la grandeur de son sujet et sur l'indigence de sa parole. Il hésite à parler et il veut parler.

Sed... cum hinc me et honor diei et praesens *lectio* cogat facere sermonem, inde vero *res ipsa* reprimat confusam gaudio mentem..., in utroque pectoris mei fluctibus *coarctor* [?]. Nec dico quod sentio et tamen silere *non possum*...

Toutes ces longueurs préliminaires sont d'une rhétorique médiocre; mais il faut bien reconnaître qu'elles sont familières à Origène comme un défaut d'improvisateur. Ce sont ces mêmes façons que vous retrouverez, par exemple, au début de la treizième homélie sur l'Exode : « ... Cum considero meipsum primum et discutio, piget ad haec aperienda manum mittere : vereor enim ne, etc. Verum quoniam magnopere expectatis ut aliqua ex his quae lecta sunt disserantur, etc. Tentabimus igitur pauca de multis immo pauciora de paucis, quippe quibus et noster sermo librandus et vester auditus. »

*
* *

Qui sont les martyrs auxquels notre exorde fait allusion? On se tromperait, croyons-nous, si on supposait quelque relation entre le « honor diei » et la mention des « beatissimorum martyrum », comme s'il pouvait s'agir là d'un anniversaire de martyrs. L'homéliste ne prêche pas sur autre chose que la leçon biblique qui vient d'être lue, et il faut chercher les bienheureux martyrs dans cette leçon. Que l'on nous permette de citer ici la péroraison de l'homélie.

Sed iam sufficit, dilectissimi fratres, de multis pauca memorasse ut sciatis in quo mysterio iniquitatis statuam illam per Nabuchodonosor fecerit Diabolus, quam tres pueri devoti adorare nolue*runt*, *ne* pro hac statua, Antechristum et *diabolum qui eam fec*erat adorare viderentur. Si ergo, cum nec *incarnatus* necdum passus fuerat Christus, tam *fortiter mori pro* sacris legibus protulerunt, quanto magis *nos*, *postquam* filius Dei nasci secundum carnem *di-gnat*us est et praemio sui sanguinis nos a *peccato l*iberavit et debitores nos ingentium... *donor*um suorum effecit, omnia genera *paenarum*... aequo animo ferre debemus? *Qui* semel in Christo manumissus est *non iam Diaboli* patitur servitutem. Nescit enim *quiescere* christiana libertas. Ad hoc enim *spiritu* sancto renati sumus, ad hoc indul*gentiam nostrorum* criminum consecuti, ad hoc *coram* multis testibus credere contestati, *ad* hoc quasi milites Christi sacramentorum... vimus. Ideo et stipendia salutis *accepimus,* et charismatum donativa consecuti *sumus ;* clipeo praeterea fidei contecti et lorica ius*titi*ae animadvertimur esse vestiti, ut in *isto belli* campo ducem nostrum sine timore sequamur. Ex quibus res ipsae manifeste docent : in isto belli campo nec verenda sunt siterga [?], nec removendi gradus, nec ponenda sunt arma, *nec vitanda* sunt tela, nec hostium requiren*da clementia*, sed magis pro Deo, pro sacris legibus mori*endum*. *Novum* etenim genus per Christum invectum [?] est in *mundum : discas* mori ut vivas, dicente ipso *Domino : Qui animam suam salvaverit* perdet illam, et qui *perdiderit animam* suam causa nominis mei ...inveniet eam...

Nolite, inquit, time*re si* corpus vestrum occiditur, animam aut*em non* possunt occidere. Cadendo enim surgimus, *necati* vivimus, et ex terris expulsi caelum *intra*mus, et qui sub sententia stetimus senten*tium fere*mus. Et ideo rogamus et petimus a sanctitate *vestra*, beati martyres, ut nostri memores esse dignemini, ut et nos, qui pari fide in Christo Dei filio credimus, eumdem vobiscum de passionis martirio triumphum consequi et obtinere mereamur.

Dans ce développement, l'homéliste oppose l'engagement où est le chrétien envers les lois de Dieu à l'engagement de qui? A l'engagement des trois jeunes Israélites. Le chrétien ne peut servir le diable, parce que, entre autres raisons, il a professé sa foi devant de nombreux témoins (allusion à la reddition du symbole dans la liturgie baptismale); il est dès lors comme un soldat lié au Christ par un serment; plus encore, il est le débiteur de son chef, parce qu'il a reçu et sa solde et les distributions extraordinaires, « stipendia salutis et charismatum donativa »; son Dieu l'a armé du bouclier de la foi et du casque de la justice... Le chrétien ne peut hésiter à s'exposer à la mort. « Quanto magis nos...? » Cet argument *a fortiori* s'entend si les martyrs dont on propose l'exemple sont des martyrs de l'Ancienne Loi, c'est-à-dire les trois jeunes Israélites, qui sont la figure des purs martyrs.

Pareilles considérations sont-elles dans la manière d'Origène? Il faudrait n'avoir pas lu son *Exhortatio ad martyrium* pour le méconnaître. Mieux encore, le propre exemple des trois jeunes Israélites de notre homélie est par l'*Exhortatio* proposé à son lecteur : « Ce n'est pas autrefois seulement que Nabuchodonosor dressa la statue d'or, ni seulement alors qu'il menaça Ananias, Azarias et Misaël de les jeter dans la fournaise de feu, s'ils ne l'adoraient point : maintenant aussi Nabuchodonosor nous parle de même, à nous... qui sommes des Hébreux véritables. Et nous, si nous voulons recevoir la céleste rosée, la rosée qui éteindra toute flamme en nous et qui rafraîchira la maîtresse part de notre être, imitons ces sacrés adolescents (1). » Aux yeux d'Origène le nom de martyrs leur serait peut-être improprement attribué, — à la fin du quatrième siècle on n'aura plus le même scrupule (2), — mais ils sont du moins un exemple de martyrs, et le

(1) *Exhort.* 33 (*C P G*, t. XI, p. 604).
(2) Cf. la note de Wettstein, *C P G*, t. XI, p. 636.

plus beau qui soit, παράδειγμα κάλλιστον μαρτυρίου (1). Notre homéliste l'entend de même.

Il s'agirait de chrétiens d'une époque tranquille, on pourrait les encourager à la lutte morale par l'exemple de la constance des martyrs. Mais pour les chrétiens à qui notre homéliste s'adresse, il est question d'une lutte réelle et d'une résistance qui ira jusqu'au sang versé : « Pro sacris legibus moriendum ». Ce ne sont point des métaphores : « Discas mori ». Ces chrétiens-là sont exposés à voir autour d'eux de leurs frères qui tournent le dos à l'ennemi, qui posent les armes, qui implorent la clémence de l'ennemi (rappelons-nous les libellatiques) : le vrai chrétien meurt sans faiblesse les yeux fixés sur le ciel, se souvenant que « ex terris expulsi caelum ingredimur, et qui sub sententia stetimus sententiam feremus ». Voilà, semble-t-il bien, une exhortation au martyre adressée à des fidèles qui auront l'occasion de l'affronter.

*
* *

L'exorde fini, l'orateur aborde le texte de sa leçon scripturaire, et va d'abord en exposer le sens littéral, puis le sens moral.

Les trois jeunes hommes, Ananias, Azarias et Misaël, ayant refusé d'adorer la statue de Nabuchodonosor, sont livrés aux gardes. Sans trembler, ils disent au roi : Le Dieu que nous servons est capable de nous arracher de tes mains, et quand il ne le ferait pas, sache que ni nous ne servirons tes dieux, ni nous n'adorerons ton image. Leur confiance en Dieu est si sincère que Dieu fait le miracle qu'ils ne réclament pas; la flamme de la fournaise les épargne, un souffle pur comme la rosée les rafraîchit, et ils se mettent à chanter un cantique à Dieu.

De ce prodige nous avons, nous chrétiens, un enseignement à tirer : ce sera le sens moral de notre texte biblique.

Nihil est enim, dilectissimi fratres, *quod fidei* denegetur, quia nec aliud a nobis *quam fidem Deus* exigit : hanc diligit, hanc requi*rit, huic cuncta* promittit et tribuit. Fides, inquit, *tua te salvum* fecit, et Esto fidelis usque ad mor*tem, et Iustus* ex fide vivit, et Qui duraverit, inquit, *hic salvus erit*. Nihil ergo fidei subtraxit, nihil..... depromit. Denique Et vincenti, inquit, *dabo edere de ligno quod est in paradiso Dei mei*.

Dieu promet à la foi persévérante les plus magnifiques récompenses : au vainqueur, il donnera une couronne, une étoile matinale, un siège d'honneur (sedeant in curia honoris), un sceptre de fer, la liesse du banquet.

(1) *Exhort.* 23 (p. 502). Il s'agit là des sept Macchabées.

... et ut compendio de*nique di*cam, ea quae nec oculus vidit, nec auris audivit, nec in cor hominis ascendit, (quae) praeparavit Deus his qui diligunt eum : exhortans nos his promissionibus ut non tantum incipiat, sed et permaneat fides: Non enim tunc magna est fides dum incipit, sed si nunquam desinat.

Dieu exige de nous la foi, tel est le thème de ce développement moral. Origène, en maint endroit, distingue deux sortes de foi : l'une est notre acte, l'autre l'effet de la grâce de Dieu : la première est infirme et insuffisante, l'autre parfaite et justifiante. « Ut ergo tanta in nobis fides inveniatur quanta possit sublimiorem gratiam promereri, nostri operis videtur et studii : ut autem ad id detur quod expedit et utile sit accipienti, Dei iudicium est, vel omnino si dari velit in ipso est... Ubi apostoli ad Dominum dicunt *Auge nobis fidem :* quod fides quidem quae speret et credat et absque ulla dubitatione confidat, in nobis est : ratio vero fidei ipsius et scientia et perfectus eorum quae credimus intellectus donatur a Deo (1). » Il semble bien que notre homéliste entend parler de cette foi dont le premier acte est un acte spontané et dont la persévérance est notre œuvre, « nostri operis et studii », au sens pélagien où Origène l'a entendu (2). Car c'est bien là une pensée pélagienne.

*
* *

La constance dans la foi, voilà pour le sens moral de notre leçon. Il reste à dégager le sens mystique.

Premier point. J'avoue être surpris, dit notre homéliste, que Nabuchodonosor, un gentil, un barbare, puisse reconnaître au milieu des trois jeunes hommes un personnage semblable au fils de Dieu, alors que jamais il n'a vu le fils de Dieu, ni jamais n'a entendu parler de lui (3). — Il n'y a qu'une explication à cette énigme : le Diable sera entré en Nabuchodonosor, d'abord pour lui suggérer d'élever cette statue d'or, ensuite pour lui suggérer de jeter les trois jeunes hommes dans la fournaise. Le voilà maintenant vaincu, et c'est lui qui parle par Nabuchodonosor, et qui proclame que c'est le fils de Dieu qui

---

(1) *Comment. in Rom.* IX, 3 (C P G, t. XIV, p. 1214).
(2) Voyez les efforts faits par HUET (C P G, t. XVII, p. 946 et suiv.) pour retrouver dans Origène « gratiam excitantem et gratis datam ». Cf. HARNACK, *Dogmengeschichte* (3º édit.), t. I, p. 643. SEEBERG, *Dogmengeschichte,* t. I, p. 116.
(3) Comparez l'explication différente de S. HIPPOLYTE (C P G, t. X, p. 680), qui se pose la même question, mais pour qui c'est Dieu qui éclaire l'intelligence de Nabuchodonosor, non le Diable. Comparez aussi le PSEUDO-ATHANASE, *Sermo adv. omn. haer.* 4 (C P G, t. XXVIII, p. 500), pour qui c'est le Fils de Dieu qui suggère à Nabuchodonosor sa réponse.

est envoyé pour sauver les trois jeunes hommes. Le Diable, en effet, connaissait le fils de Dieu : il l'avait connu du temps qu'il était ange glorieux : il l'avait connu au jour où dans le paradis l'homme pécheur entendit prononcer sa sentence.

Dans la pensée d'Origène, le Diable opère en ce monde par le ministère des hommes : « ...non dixit [Iesus] : Vae homini illi a quo traditur [Filius hominis], sed per quem traditur, ostendens alterum a quo tradebatur, id est a Diabolo, ipsum Iudam ministrum autem esse traditionis... Omnem malitiam in hominibus Diabolus per homines operatur (1)... » Tel sera bien le cas de Nabuchodonosor. — La difficulté est de comprendre que le Diable connaisse le fils de Dieu. Il est écrit en effet que « Dei sapientiam nullus principum huius saeculi novit » (I *Cor.* II, 7); et c'est ainsi que l'incarnation a été ignorée du Diable (2). Le Diable, s'il n'a pas une connaissance actuelle du fils de Dieu en a du moins le souvenir. Le Diable est un ange failli : « ... Apud plurimos ista habetur opinio, quod angelus fuerit iste Diabolus, et apostata effectus quamplurimorum angelorum secum declinare persuaserit... » (3). Mais du moins, ange, il a connu le mystère de Dieu : n'est-ce pas de lui, en effet, qu'il est écrit : *Ille homicida erat ab initio, et in veritate non stetit, quia non est veritas in eo?* (Io. VIII, 44) (4). Le démon ne peut donc avoir du mystère de Dieu que le souvenir. C'est en vertu de cette science rétrospective qu'il peut dénoncer à Nabuchodonosor le fils de Dieu présent dans la fournaise. Mais pressons cette donnée, s'il est possible : le Diable connaît le fils de l'homme à son apparence sensible : c'est donc qu'il l'avait vue, cette apparence sensible, en Dieu, préexistant à l'incarnation. Et qu'est cela, semble-t-il bien, sinon la doctrine origénienne de la préexistence du corps et de l'âme du Sauveur, si explicitement dénoncée par Justinien (5)?

*
* *

Second point. Pourquoi Nabuchodonosor, ayant fait cette statue, a-t-il donné l'ordre qu'on l'adorât? Quel intérêt, quelle gloire, quel honneur avait-il à retirer de cet hommage? Si sa puissance ne lui suf-

---

(1) *Comment. in Mt.* 83 (*C P G*, t. XIII, p. 1732).
(2) *In Lc. homil.* VI, 15 (*C P G*, t. XIII, p. 1815) : «... disposuerat Salvator dispensationem suam et assumptionem corporis ignorare Diabolum, unde et in generatione sua celavit eam, et discipulis postea praecipiebat ne manifestum eum facerent. Et cum ab ipso Diabolo tentaretur, nusquam confessus est Dei se esse filium... Absconditum igitur fuit a principibus saeculi mysterium Salvatoris. » (Traduction de saint Jérôme).
(3) *Periarchon*, I, proem. 6 (*C P G*, t. XI, p. 119).
(4) *Comment. in Io.* xx, 21 et 22 (*C P G*, t. XIV, p. 629).
(5) Iustinian., *Adv. Orig.*, anathem. 2 et 3 (*C P G*, t. LXXXVI, p. 989).

fisait pas, que ne se faisait-il adorer en personne, plutôt que cette statue, qui n'avait ni sentiment, ni vie, ni esprit? — L'explication est que cette statue était la figure de l'Antéchrist : le Diable l'avait élevée par le moyen de Nabuchodonosor, qui ignorait, quant à lui, ce qu'il faisait. De même que l'Antéchrist est figuré par le roi puissant qui dans un autre passage de Daniel est vainqueur des autres rois et devient le maître absolu et dernier du monde (1), ainsi dans la leçon présente il est figuré par cette statue extraordinaire de roi. Que lisons-nous, en effet, dans l'Apocalypse? « Le nombre de la bête est le nombre d'un homme : les lettres [qui le composent] en grec additionnées font 666 : comprenne qui comprend. » Ce nombre est le nombre de l'Antéchrist; il désigne le mystère d'iniquité de l'Antéchrist; on reconnaîtra à ce nombre l'Antéchrist, quand il viendra.

Regis imago figuram Antichristi proprie lineabat :...sexaginta cubitis altitudo eius erat et sex latitudo : mysterium nominis ipsius Antichristi... Sic enim beatus Iohannes in *Apocalypsi* ait : Numerus, inquit, hominis bestiae *nomen continet*, per singulas litteras graecas sexcenti... sexaginta sex : qui habet sensum intellegat. Et hoc enim numero numerus ipsius et omne mysterium iniquitatis ejus geritur, et ipse cum venerit agnoscendus est. Hic numerus nominis Antichristi statuae illius mensura conlatus est, quae sexaginta cubitorum altitudine fabricata et sex latitudine.

Toutefois une objection peut être faite à l'interprétation figurative de l'homéliste; il la prévoit et la résout. Le nombre de l'Antéchrist est 666; or la statue de Nabuchodonosor ne compte que 60 coudées de haut, 6 de large : il manque 600 coudées pour qu'il y ait parité. — Sans doute, mais Nabuchodonosor n'est qu'une portion de l'Antéchrist : le nombre total ne sera réalisé que par l'Antéchrist lui-même. Voilà pourquoi la figure mesure 66, tandis que la réalité mesure 600 de plus, qui fera la plénitude du nombre mystérieux.

Prendre la statue de Nabuchodonosor pour la figure de l'Antéchrist est une interprétation que l'on trouve déjà dans saint Irénée : « Illa enim quae fuit a Nabuchodonosor instituta imago altitudinem quidem habuit cubitorum LX, latitudinem autem cubitorum VI : propter quam et Ananias et Azarias et Misael non adorantes eam in caminum missi sunt ignis. Numerus cubitorum imaginis propter quam iusti in caminum ignis missi sunt, numerum nominis significat illius in quem recapitulatur sex millium annorum omnis apostasia et iniustitia... » (2) Origène a-t-il adopté cette interprétation? Nous ne pouvons le dire.

(1) Et telle est bien la pensée d'Origène : *Contra Celsum*, VI, 45 (*C P G*, t. XI, p. 1368).
(2) *Contra Haer.* v, 29, 2 (*C P G*, t. VII, p. 1201).

⁎

Autre figure, celle-là dans les nombres mêmes qui sont marqués.

Qualem autem figuram numerus habebat, id est *sexcenti sexa*ginta et sex, debemus advertere..... *sex hecato*ntadas, sex decadas et sex mona*das*... Itaque hic mundus est, in quo omnis *iniquitas* dominatur, eo quod et sex diebus fac*tus est*. *Et sex* millia annos, qui sex dies sunt Domini, iniqu*itas* dominatur, sicut scriptum est : Invidia, *inquit*, *Diaboli* mors introivit in orbem terrarum. Sex*to igitur* millesimo anno completo, omnis iniqui*tas toll*etur et in abisso Diabolus religabitur. Ergo sex diebus mundus est factus, et sexto millesimo anno figura saeculi istius præteribit. Ita et senarius numerus Antichristi cum omni malitia sua sexto die Domini, qui sextus millesimus annus est, finietur.

Ce nombre six a une valeur mystique : l'Antéchrist n'est-il pas désigné par le nombre 666, savoir six centaines, six dizaines, six unités? Le nombre six représente le monde, le monde actuel, celui où l'iniquité règne : le monde n'a-t-il pas été fait en six jours? L'iniquité régnera six jours, six jours du Seigneur, savoir six mille ans. A l'échéance de la six millième année, l'iniquité sera supprimée et le monde disparaîtra. La puissance ou le nombre sénaire de l'Antéchrist prendra fin avec le sixième jour du Seigneur, c'est-à-dire sur la six-millième année.

Ces sortes de spéculations sur les nombres sont familières à Origène. Dans ses homélies sur la Genèse il trouve aux mesures de l'arche de Noé des sens figuratifs qu'il développe avec une complaisance qui, il faut l'avouer, rappelle l'ingénuité des gnostiques : « Post haec de longitudine et latitudine arcae et de altitudine memoratur, et numeri in his quidam ponuntur ingentibus mysteriis consecrati... » (1). Sur le texte (Mt. XVIII, 21) où Pierre demande au Sauveur combien de fois on doit pardonner à son frère, et où le Sauveur lui répond : « Non usque septies sed usque septuagies septies, » Origène se demande si « haec verba habent aliquem similem intellectum eis quae dicuntur in Genesi? » Et il répond : « Numerus ergo sextus videtur esse operis et laboris. Septimus autem repausationis... Quoniam autem decades et hecatontades aliquem sermonem communem habent ad numerum qui in monadibus est.., propterea existimo Christum iuxta septenarium numerum etiam septuaginta addidisse ,» etc. (2) Le nombre six signifie le travail, le nombre sept le repos; on travaille jusqu'à six, on se repose à sept. Ainsi le fils du petit

---

(1) *In. Gen. hom.* II, 5 (*CPG*, t. XII, p. 170). Traduction de Rufin.
(2) *Comm. in Mt.* XIV, 5 (*C P G*, t. XIII, p. 1191). Je cite l'ancienne version latine. Autant sur le Temple (*In Io.* X, 22-23).

roi de Capharnaum a vu sa fièvre tomber à la septième heure : pourquoi ? parce que sept est le nombre du repos, ὁ γὰρ ἀριθμὸς ἀναπαύσεως ἦν (1). Dans le commentaire sur l'épître aux Romains : « Quid autem et ipse numerus septem millia virorum indicet videamus. Septenarius numerus ad requiem pertinet (2)... » Le nombre six est un nombre parfait, en lui-même et dans ses multiples : Origène a repris plusieurs fois cette considération, qu'il emprunte, dit-il, à ceux qui ont étudié les natures des nombres. Οἱ φύσεις ἀριθμῶν ἐρευνήσαντες πρῶτον μὲν τέλειον τὸν ἓξ εἰρήκασι... (3). Bien naturellement on était amené à calculer la fin du monde d'après cette arithmétique.

C'est ce que faisait l'épître de Barnabé : « ... consummabit Deus omnia in sex millia annorum. Dies enim apud illum mille anni sunt. Ipse mihi testis est dicens : Ecce hodiernus dies erit tanquam mille anni... In sex millia annorum consummabuntur omnia... Tunc bene requiescet die septima (4). » — C'est ce que faisait saint Irénée. Quel est le chiffre de la Bête ?... « sexies centeni et deni sexies et singulares sex, in recapitulationem universae apostasiae eius quae facta est in sex millibus annorum. Quotquot enim diebus hic factus est mundus, tot et millenis annis consummatur... Si etenim dies Domini quasi mille anni, in sex autem diebus consummata sunt quae facta sunt, manifestum est quoniam consummatio ipsorum sextus millesimus annus est (5). » Il y a un calcul pareil dans le commentaire sur Daniel de saint Hippolyte, et Photius (Cod. 202) le résume ainsi : « Pour ce qui regarde la parousie de l'Antéchrist, après laquelle la consommation du monde sensible doit se produire (le Sauveur n'en a pas révélé le moment même à ses disciples qui l'en sollicitaient), Hippolyte la calcule pour cinq cents ans après le Christ, comme si six mille ans après sa création le monde devait finir (6). »

Nous retrouvons ce même calcul chez Origène, ou plutôt dans le résumé que Photius (Cod. 235) fait du περὶ τῶν γενητῶν de Methodios d'Olympe, où cet auteur citait et réfutait Origène. Ce passage cité d'Origène est assez obscur (7). Il y réfute les théologiens qui croient

---

(1) *Comm. in Io.* xiii, 58 (C P G, t. XIV, p. 512). La même pensée revient au n° 59 (p. 517).
(2) *Comm. in Rom.*, viii, 7 (C P G, t. XIV, p. 1177). Traduction de Rufin.
(3) *Comm. in Io.* xxviii, 1. (C P G, t. XIV, p. 680). Lire la note de Huet (*l. c.*) sur d'autres passages d'Origène où le nombre 6 est traité de parfait.
(4) *Barnabae epist.* xv, 4-5 (éd. GEBHARDT-HARNACK, p. 65). Je cite l'ancienne traduction latine. — Cf. la note *i. l.* de HILGENFELD, p. 117 de son édition de la *Barn. epist.* — Cf. Th. MALVENDA, *De Antichristo*, t. 1 (Lyon 1647), p. 102 et suiv.
(5) *Contra haer.* v. 28, 2-4 (C P G. t. VII, p. 1199).
(6) C P G. t. X, p. 645, le texte même d'Hippolyte.
(7) C P G. t. CIII, p. 1148 (texte de Bekker) : l'obscurité du passage tient à une glose de

que le monde n'est pas antérieur aux six jours de la Genèse, et son raisonnement est celui-ci : six jours pour la genèse du monde et sept jours pour la durée du monde font treize jours : si Dieu n'a rien créé avant ces treize jours, il n'est Père et Tout-Puissant que depuis treize jours? Il faut donc admettre que Dieu a créé avant le premier de ces jours connus. C'est la doctrine d'Origène de l'éternité de la substance de l'Univers. Ce raisonnement suppose une donnée acquise, que la durée du monde est une quantité connue, un nombre de jours de mille années, suivant le texte du psalmiste : « Depuis le siècle et jusqu'au siècle tu es et mille ans sont à tes yeux comme le jour d'hier qui est passé ».

Χιλίων γὰρ ἐτῶν περιοριζομένων εἰς μίαν ἡμέραν ἐν ὀφθαλμοῖς θεοῦ ἀπὸ τῆς τοῦ κόσμου γενέσεως [*la semaine génésiaque, l'hexameron*] μέχρις ἡμῶν [*ce pronom personnel doit signifier* « *le temps présent* »], ὡς οἱ περὶ τὴν ἀριθμητικὴν φάσκουσι δεινοί, ἐξ ἡμέραι συμπεραιοῦνται. [*Ici une glose :* « *On dit que la six millième année dure depuis Adam et on dit qu'à la sept millième arrivera la fin du monde* ».] Οὐκοῦν αἱ πᾶσαι ἡμέραι δέκα καὶ τρεῖς ἀφ' ἡμῶν [*encore le pronom au sens de tout à l'heure*] ἕως εἰς τὴν ἐν ἀρχῇ, ἐν ᾗ ἐποίησεν ὁ θεὸς τὸν οὐρανὸν καὶ τὴν γῆν, μετροῦνται.

Ces données arithmétiques d'Origène sont précisément celles que nous avons dans notre homélie. « Hic mundus... sex diebus factus est; et sex millia annos, qui sex dies sunt Domini, iniquitas dominatur;... et sexto millesimo anno figura saeculi istius praeteribit... sexto die Domini qui sextus millesimus annus est finietur [Antichristus]. » Nous n'avons pas les tomes d'Origène sur la Genèse : mais il est probable qu'il s'y arrêtait sur la valeur du nombre des six jours. « ...quod mundus hic factus sit, et ex certo tempore coeperit, et secundum promulgatam omnibus consummationem saeculi pro sui corruptione solvendus sit, etiam de hoc pauca repetere non videtur absurdum. Et quantum quidem ad scripturarum fidem pertinet, perfacilis videtur de hoc assertio... De conditione ergo mundi quae alia nos scriptura magis poterit edocere quam ea quae a Moyse de origine eiusdem scripta est (1)? » Le texte de notre homélie complète bien sur ce point ce que nous désirerions connaître de la pensée d'Origène, une pensée que saint Jérôme et saint Augustin ont heureusement empêché qu'elle ne se propageât chez les Latins (2).

---

basse époque et à une objection que fait Méthodios à Origène. La glose serait : Ἑξακισχιλιοστὸν ἀρ'ἔτος φασίν... ἑπτακισχιλιοστῷ ἔτει κρίσιν ἀφίξεσθαί φασιν. L'objection de Methodios : Εἰ δὲ τρισκαίδεκα... ἐξαριθμήσει. Si l'on ne distingue pas cette objection de l'argument, la pensée d'Origène devient parfaitement incohérente.

(1) *Periarchon*, III, 5, 1 (*C P G*, t. XI, p. 325).
(2) Hieronym. *Comm. in Dan. IX* (*C P L*, t. XXV, p. 548) : «... Quæ si forte hi qui post

*
* *

Notre homéliste va tirer de cette arithmétique mystique une dernière considération. Ce n'est pas, en effet, sans raison que la flamme de la fournaise s'élève sept fois plus haut qu'il ne serait naturel :

> Sed nec illud putetis sine magna ratione divinitus esse provisum ut... hic septies amplius a solito *flamma excreverit*, id est ad cubita quadraginta *et novem*. Sed quae est haec ratio ut septies septenis *cubitis flamma* fornacis excreverit?
> *Mundus utique* in quo boni malique interimuntur... sex diebus est factus et septimo *Dominus requievit;* et sex diebus Domini, id est sex *millibus annis completis*, mundialis ut superius dixi opera *finietur*, et septimo die Domini regnum sanctorum *incipiet*.
> Septies ergo *septem quadraginta* et novem faciunt quibus *peccatoribus* gehennae caminus aperitur.
> Ut tunc iustis *septiformis* claritas velut roris spiritus *tribuitur*, peccatoribus vero septuplex *paena*, secundum septem capita draconis et Apocalipsis Scriptura refert, gehennae incendium irrogatur.

Le passage, tout mutilé que nous l'avons, tout atténué aussi que le traducteur latin doive l'avoir édité, semble s'inspirer d'une doctrine très particulière. Car enfin, si, tout compté, le monde a duré six mille ans, soit six jours du Seigneur, pourquoi le septième jour du Seigneur aurait-il une durée de plus ou de moins de mille années? Le règne des saints sera donc limité à une sorte de millénium. De même la géhenne des pécheurs va être limitée. Le nombre est différent, sans doute, et il ne s'agira plus de jours du Seigneur, mais ce sera encore un nombre donné d'unités, 49 x. Et donc le règne des saints et le châtiment des pécheurs, représentés par un nombre fini, sont choses évidemment finies. Un dernier trait : avec le sixième jour finira l'iniquité et le diable sera relégué dans l'abîme :

> Sex millesimo anno completo, omnis iniquitas tolletur et in abisso Diabolus relegabitur.

La domination de l'iniquité aura duré six mille ans : la relégation du Diable dans l'abîme sera-t-elle éternelle? Notre texte n'en dit rien; mais si cette question se pose, c'est justement parce que sa pensée est ambiguë.

Ces ambiguïtés ont l'intérêt de rappeler l'eschatologie propre à Origène. Il est sûr qu'il concevait la félicité des saints comme une durée non illimitée, et l'idée d'un millénium céleste ne paraît pas avoir été une

---

nos victuri sunt statuto tempore completa non viderint, aliam solutionem quaerere compellentur et magistrum erroris arguere. » Augustin. *Epist.* CXCVII (*C P L*, t. XXXIII, p. 899).

idée à laquelle il répugnait (1). Il est plus sûr encore que le feu de la géhenne était à ses yeux un feu de purgatoire. « Veniendum est ergo omnibus ad ignem, veniendum est ad conflatorium : sedet enim Dominus et conflat et purgat filios Iuda... ». « Certum est quia manet nos ignis ille qui praeparatus est peccatoribus,... et, ut ego arbitror, omnes nos venire necesse est ad illum ignem. Etiamsi Paulus... (2) » Mais pour tous, à des degrés divers, ce feu était une peine temporaire, pécheurs et démons même y devaient trouver leur purification, et à la fin pécheurs et démons devaient participer à la félicité et à la justification célestes. Le septième jour s'achèverait en une joie et une justice sans mélanges : « ... ut neque ultra triste sit aliquid ubi mors non est, neque adversum ubi non est inimicus (3). » « Si quelqu'un dit ou croit que le châtiment des démons et des hommes impies est un châtiment temporaire, et qu'à un moment donné il prendra fin pour une réintégration (ἀποκατάστασιν) des démons et des impies, qu'il soit anathème (4) », lisons-nous dans Justinien. Mais on n'avait pas attendu Justinien pour s'élever contre cette doctrine : saint Augustin et saint Jérôme l'avaient déjà vigoureusement réfutée. Augustin écrit : « ... in libro suo Pelagius posuit : *In die iudicii iniquis et peccatoribus non esse parcendum, sed aeternis eos ignibus exurendos : si quis aliter credit, Origenista est.* Hoc acceperunt iudices quod revera in Origene dignissime detestatur Ecclesia, id est quod etiam illi quos Dominus dicit aeterno supplicio puniendos, et ipse Diabolus atque Angeli eius, post tempus licet prolixum purgati liberabuntur a poenis, et sanctis cum Deo regnantibus societate beatitudinis adhaerebunt... Quapropter qui dicit iniquos et peccatores quos aeterno supplicio veritas damnat, aliquando inde posse liberari, non inconvenienter eum Pelagius Origenistam vocat (5)... » Augustin rapporte et s'approprie la doctrine du synode de Diospolis (415).

*
* *

Voici nos conclusions.

L'homélie que nous venons d'éditer est certainement antérieure au

---

(1) Huet, *o. c.*, p. 1029 et 1034. Harnack, *Domengeschichte*, t. I, p. 644 et t. II, p. 63.
(2) *In Exod. homil.*, VI, 4; *In ps.* XXXVI, *hom.* III, 1 (*CPL*, t. XII, p. 334 et 1357).
(3) Sur ce point particulier voir la synodale de Théophile d'Al., *CPL*, t. XXII, p. 762.
(4) Iustinian., anathem. 9 (*l. c.*).
(5) Augustin., *De gest. Pelag.* 9-10 (*CPL*, t. XLIV, p. 235). D'autres textes d'Augustin et de Jérôme, ap. Huet, *o. c.*, p. 1031-2. Depuis la fin du quatrième siècle l'eschatologie origénienne est de plus en plus considérée comme hérétique. (Harnack, *Dogmengesch*. t. II, p. 63.)

sixième siècle, puisqu'elle est antérieure à l'an 6000 du monde, soit 492 de notre ère, que l'homéliste attendait comme la date de la fin. La liberté avec laquelle il s'exprime sur la foi qui sauve donne lieu de penser qu'il est antérieur aux controverses pélagiennes. Son eschatologie est antérieure à saint Jérôme et à saint Augustin. Sa manière de parler du martyre trahit un écrivain antérieur à Constantin et contemporain d'un temps de persécution. Son allégorisme exégétique est conforme à celui d'Origène. Ses opinions sur la foi, sur la préexistence du corps et de l'âme du Christ, sur la fin du monde, sur le supplice à temps des pécheurs et des démons, sont des opinions origéniennes atténuées par un traducteur prudent.

Nous croyons donc véridique l'attribution que le ms. d'Orléans fait de cette homélie (comme de tout le recueil) à Origène : nous aurions là une homélie prêchée à Césarée entre 241 et 250.

Quant au traducteur latin, nous avons une identification en vue; mais nous demandons à la réserver jusqu'à plus ample vérification.

Paris.

Pierre BATIFFOL.

J. C. Hinrichs'sche Buchhandlung in Leipzig

Beiträge zur Assyriologie und semitischen Sprachwissenschaft.
 Herausg. von FRIEDRICH DELITZSCH und PAUL HAUPT.
 III. Band, Heft 2. MEISSNER, Bruno u. ROST, Paul, DIE BAUINSCHRIFTEN ASARHADDONS. Mit Plan und 85 autographischen Tafeln. — JASTROW, Morris J., A NEW FRAGMENT OF THE BABYLONIAN ETANA LEGEND. Mit 4 Tafeln in Photolithographie und Autographie. M. 18.50

Delitzsch, FRIEDR., Professor an der Universität Breslau, Assyrisches Handwörterbuch.
 IV. (Schluss-) Teil ca. M. 10 — ord. Vollständig ca. M.46 —

Gerber, W. J., Prof.และ. deutsch. Univ. Prag, Die hebräischen Verba denominativa insbes.
 im theologischen Sprachgebrauch des A. T. Eine lexikographische Studie. ca M. 10 —

Ropes, JAMES HARDY, Die Sprüche Jesu, welche in den Kanonischen Evangelien nicht überliefert sind. Eine kritische Bearbeitung des von D. Alfred Resch gesammelten Materials. (Texte und Untersuchungen zur Gesch. der altchristl. Litt. XIV, 2.) ca M 5 —

Sethe, DR. KURT, Privatdocent an der Universität Berlin, Untersuchungen zur Geschichte und Altertumskunde Aegyptens. Erstes Heft. ca. M. 12 —
 1. Die Thronwirren unter den Nachfolgern König Thutmosis' I, ihre Verlauf und ihre Bedeutung.
 2. Die Prinzenliste von Medinet Habu und die Reihenfolge der ersten Könige der zwanzigsten Dynastie.

Sphinx, Revue critique embrassant le domaine de l'égyptologie.
 Herausgeber: Dr. Karl PIEHL, Prof. an der Univ. Upsala. L. 1. Preis für den Band (4 Hefte) M. 15 —
 Für UNIVERSITÄTS- und dergl. BIBLIOTHEKEN und für AEGYPTOLOGEN.

Strack, D. HERMANN L., Abriss des biblischen Aramäisch. GRAMMATIK, NACH HANDSCHRIFTEN BERICHTIGTE TEXTE, WÖRTERBUCH. M. 1.60

MACMILLAN AND CO., Ltd., Bedford street, Strand, London

Documents Illustrative of Church History. By W. H. GEE and W. J. HARDY. . . 10 6
Outlines of Church History. By R. SOHM. Translated by M. SINCLAIR. 3 6
Selections from Early Writers. By H. M. GWATKIN. Net. 4 0
Six Lectures on the Ante-Nicene Fathers. By F. J. A. HORT. 3 6
Judaistic Christianity. By F. J. A. HORT. 6 0
The Canon of the Old Testament. By H. E RYLE. 6 0
The Early Narratives of Genesis. By H. E. RYLE. 3 0
Philo and Holy Scripture. By H. E. RYLE. 10 0
History, Prophecy and the Monuments. By J. F. MC CURDY. Vol. I. . . . Net 14 0
An Introduction to the Study of the Gospels. By B. F. WESTCOTT 10 6
A General Survey of the History of the Canon of the New Testament during the First Four Centuries. By B. F. WESTCOTT 10 6

Vandenhoeck & Ruprecht in Göttingen

Soeben sind erschienen:

Grammatik
des
Neutestamentlichen Griechisch.
Von
Dr. phil. **Friedrich Blass**, o. Professor a. d. Universität Halle, Dr. litt. Dubl.
1896. Preis 2 Mk. 4 Pf. geb. 6 Mk. 40 Pf.

www.ingramcontent.com/pod-product-compliance
Lightning Source LLC
Chambersburg PA
CBHW060557050426
42451CB00011B/1960